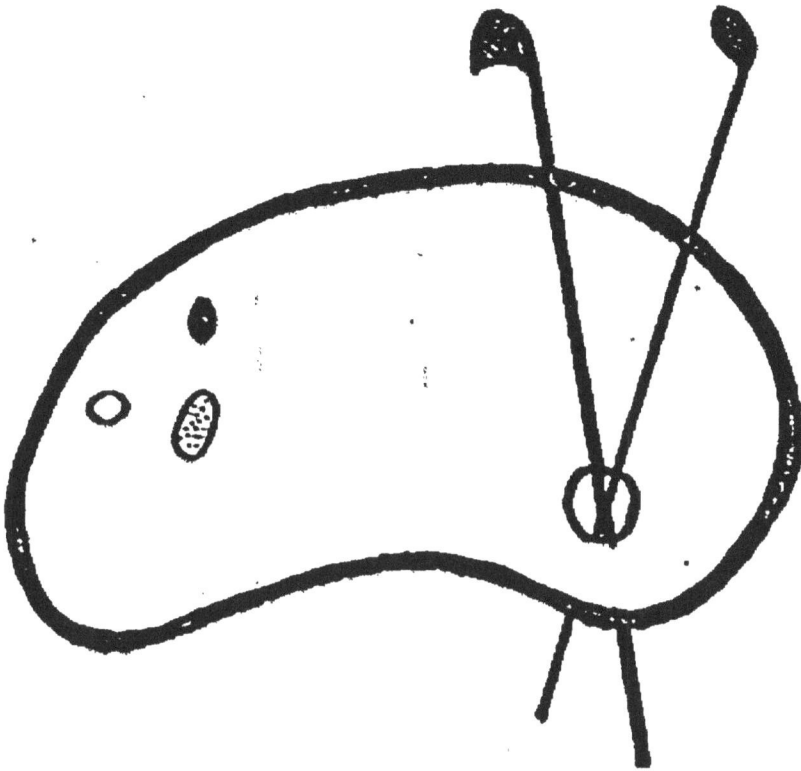

DEBUT D'UNE SERIE DE DOCUMENTS
EN COULEUR

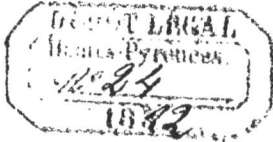
ALEXANDRIE

PAR

DIDIER FRANCE.

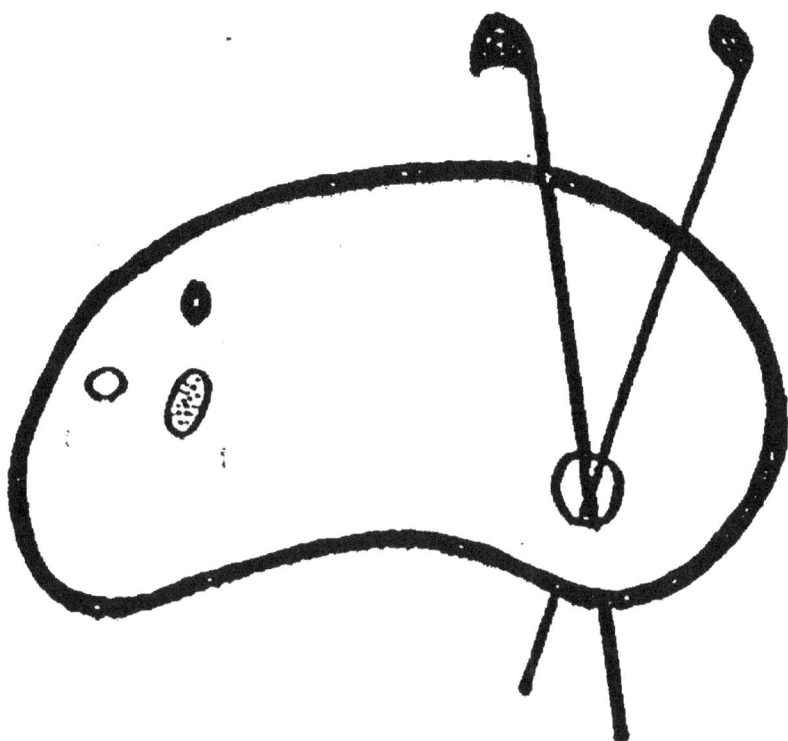

FIN D'UNE SERIE DE DOCUMENTS
EN COULEUR

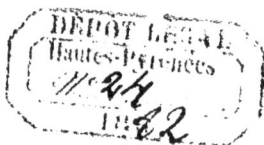

ALEXANDRIE.

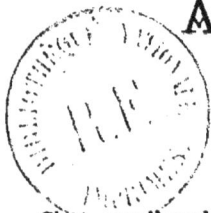

C'est sur l'emplacement de Rhacotis, dans une étroite presqu'île dirigée du sud au nord, l'unique place que possédaient les Egyptiens entre le lac Maréotis et le port Pharos, qu'Alexandre bâtit, 335 ans avant Jésus-Christ, la ville dont on n'aperçoit bientôt que les ruines.

Les Turcs l'appellent Iskendérieh. D'après un historien de l'époque, c'est la résistance qu'éprouva Alexandre devant Tyr qui lui suggéra l'idée, après avoir détruit cette ville, d'en élever une qui pût devenir le centre du commerce des différentes parties du monde et qui lui permit de mettre à profit l'excessive et étonnante fertilité de l'Egypte.

Ce projet, qui fait honneur au génie du grand conquérant macédonien, fut mis à exécution. A cet effet, il s'entoura d'un nombre considérable d'architectes chargés de dresser le plan ; et à l'aide d'efforts inouïs il poussa les travaux avec une telle activité que la ville s'éleva sans tarder sur la langue de terre située entre le lac Maréotis et la mer Méditerranée, avec laquelle elle communiquait par un canal appelé canal de Cléopâtre et qui fournissait à la ville l'eau nécessaire.

Bientôt les Juifs, les Egyptiens, les Grecs, les Phéniciens arrivèrent en masse et Alexandrie compta dans ses murs plus de trois cent mille habitants non compris les esclaves.

Elle échut en partage à Ptolémée fils de Lagus, lieutenant d'Alexandre. Ce prince, qui aimait les sciences et les arts, s'entoura de littérateurs et favorisa le commerce et l'industrie. Aussi le développement de cette cité s'accrût-il progressivement et vit-on Alexandrie se substituer à la Grèce dans la mission de civilisation qu'elle accomplissait seule jusqu'alors.

Dans Alexandrie il y avait la vieille et la nouvelle ville, tout comme il y a encore le port neuf dont l'entrée est assez largement ouverte, et le vieux port, divisé lui-même en port intérieur et port extérieur.

Quoique une des plus intéressantes d'Egypte la nouvelle ville était percée de rues étroites et tortueuses. Les maisons, dont les toits étaient plats, avaient des ouvertures où s'accusaient des jalousies grossières faites pour intercepter les rayons du soleil.

La vieille ville s'étendait beaucoup plus et était entourée de murailles épaisses surmontées d'une grande quantité de tours d'architecture arabe. La rue qui allait de la porte de la mer à celle de Canope était parsemée de temples, de théâtres, de palais. On y remarquait surtout le musée, la bibliothèque, la colonne de Pompée, magnifique débris antique d'ordre corinthien, bâtie en granit et ayant près de cent pieds d'élévation.

Le palais des rois et ses deux obélisques, dont l'une était debout et l'autre renversée et composées l'une et l'autre d'une seule pièce de granit, étaient faits pour exciter l'admiration des visiteurs. Ces obélisques avaient cinquante pieds six pouces de haut sur sept de large à leur base et étaient recouvertes littéralement d'hiéroglyphes. On les appelait les obélisques de Cléopâtre.

Les réservoirs qui alimentaient Alexandrie méritent qu'on les signale eu égard aux services qu'ils rendaient ; mais parmi tous ces monuments celui qui constituait une des plus grandes merveilles était bien le phare éclairant les navigateurs pendant la nuit.

Les catacombes méritaient l'attention du public curieux et des artistes. Elles contenaient des monuments peints et sculptés avec un tel soin et un tel art que l'histoire du pays s'y retrouvait avec une ressemblance frappante. Les peintures des parois accusaient, il n'y a pas longtemps, la fraîcheur et la vivacité des premiers jours, et les statues colossales, les sphynx et les animaux qui ornaient ces avenues souterraines étaient si exactement, si fidèlement représentés qu'on aurait pu leur supposer un léger souffle de vie. Mais les richesses de l'art architectural d'Egypte que nos musées ont recueillies parlent assez haut là-dessus...

On croit avoir trouvé dans ces excavations, qui étaient autant de carrières d'où l'on avait extrait les matériaux nécessaires à la construction des pyramides, des nombreuses villes et édifices qui surgissaient hâtivement de terre, on croit y avoir trouvé, dis-je, les preuves irrécusables que les premiers habitants en avaient fait leur demeure, fuyant ainsi l'inondation du Nil, les fortes chaleurs, en renonçant à la société de leurs semblables. L'Egypte, en effet, a été le berceau de l'association monacale, et c'est d'elle que le système d'obscurcir et de fausser l'entendement des hommes pour mieux dominer nous est venu.

C'est dans ces cavités ou dans les fameuses pyramides qu'Alexandrie et les autres villes d'Egypte déposaient, après les avoir embaumés, les restes des citoyens les plus riches ou méritant de passer à la postérité par les services rendus à la science et à l'humanité.

Malgré que les agents chimiques n'offrissent pas les qualités, la perfection qu'ils offriraient aujourd'hui, l'embaumement s'opérait avec des connaissances sans rivales et tellement profondes qu'on a vu récemment des momies ne pas offrir au regard la moindre altération.

Le baron Larrey a retracé les divers procédés en usage dans cette préparation. Ils consistent à peu de chose près à l'immersion des cadavres pendant plusieurs mois dans le bitume bouillant, ou dans des salaisons de deuto-chlorure de mercure. Lesdits cadavres doivent avoir été voués à une préparation préalable de propreté : nettoyage d'entrailles, évacuation de la masse cérébrale par le trou occipital, etc.

D'après le célèbre chirurgien, il est regrettable que « l'art de l'embaumement ne soit pas plus usité, parce qu'on y trouverait l'inappréciable moyen de vérifier et reconnaitre les causes de beaucoup de maladies occultes qui frappent tout à coup les personnes les plus vigoureuses et dans des époques de la vie où l'on doit le moins s'y attendre. Ce serait, assure-t-il, le seul moyen capable d'accélérer puissamment le progrès de l'anatomie pathologique et de faire surmonter le préjugé vulgaire qui s'oppose sans cesse à ses investigations. »

Les motifs qui poussaient les Egyptiens à garder aussi précieusement les dépouilles mortelles étaient de deux sortes : ils avaient l'idée que l'âme ne quittait pas le corps tant que celui-ci maintenait sa première forme, ou que, si elle le quittait, elle devait revenir trois mille ans après. Il importait alors que le corps fût resté dans le même état de conservation, car autrement l'âme serait bel et bien passée dans le corps d'un animal. Cela excuserait la grande vénération des Egyptiens pour le culte des morts, et établirait aussi pourquoi dans les catacombes d'Alexandrie on a constaté, à côté des hypogées des humains, les nécropoles réservées aux divers animaux. Des crocodiles grands et petits, embaumés et enveloppés de bandelettes, ont été trouvés dans des puits souterrains de la Haute-Egypte.

« Les crocodiles petits, au nombre de plusieurs milliers, étaient réunis par paquets de 25 ; les grands mesuraient jusqu'à sept mètres de long. »

Pareil attachement ne se manifeste plus parmi les peuples à l'égard de la race animale. Seuls, les Anglais, qui affectionnent les chiens, les chevaux et les oiseaux, au point de les comprendre dans leurs dispositions testamentaires et de leur laisser de quoi embellir leur vie, essaient de marcher sur les pas des Egyptiens du temps des Pharaons. Ils viennent à Londres même de fonder une société sous la dénomination de : *Compagnie de la nécropole zoologique*, dont le but défini est d'assurer une sépulture convenable aux animaux qui auront, durant leur vie, témoigné d'une fidélité et d'un certain attachement à l'endroit de leurs maîtres.

Alexandrie fut battue constamment par la tourmente révolutionnaire. Après la bataille de Pharsale, Jules César, qui poursuivait Pompée, vint à Alexandrie et surprit Ptolémée et Cléopâtre aux prises. L'un et l'autre ambitionnaient le trône. Croyant tout arranger, César exigea qu'ils régnassent tous les deux. De nouveaux dissentiments éclatèrent bientôt entre le frère et la sœur, et, dans la guerre qui éclata entre le peuple d'Alexandrie et César, celui-ci eut le dessus et plaça Cléopâtre sur le trône. Cette lutte amena des désastres, car César ayant fait incendier la flotte égyptienne dans le port, les flammes atteignirent les édifices longeant le quai et détruisirent la bibliothèque du Bruchion.

Il restait encore le temple de Sérapis où se trouvaient réunis trois cent mille volumes. De leur côté, les Attales avaient fondé un musée et une bibliothèque à Pergame. Ces états étant devenus l'héritage du peuple romain, Antoine donna les volumes de Pergame à Cléopâtre et le nombre de volumes de Serapéon fut ainsi porté à cinq cent mille au moins. La perte de la bibliothèque de Bruchion fut ainsi amoindrie.

Les trésors scientifiques renfermés dans ce musée, la facilité et l'étendue des recherches, l'institution et la célébration des fêtes de Bacchus, attirèrent à Alexandrie tous les hommes intelligents dévoués aux sciences et aux arts. La science fit des progrès frappants et on vit Alexandrie ravir à Athènes ses héros et devenir un foyer de lumières. Parmi les poètes brillèrent : Théocrite, le chantre des bergers ; Apollonius, l'auteur des Argonautiques ; etc., etc. Zénodote d'Euphèze, Aristophane de Byzance, qui avaient été commis à la garde des livres comme bibliothécaires, imprimèrent à la littérature un développement immense et devinrent des grammairiens célèbres.

On doit à Eratosthène des travaux sur les sciences mathématiques et physiques, la création de l'astronomie et de la géographie savantes « en observant l'obliquité et l'écliptique », c'est-à-dire la ligne que le soleil ne quitte pas ou mieux le cercle que décrit la terre dans son mouvement annuel. Il parvint à mesurer la grandeur du degré terrestre et accomplit aussi, le premier, un périple ou voyage de circumnavigation dans le Golfe Arabique (Mer Rouge).

Archimède, né à Syracuse, vint y puiser les connaissances qui ont fait de lui le plus grand géomètre de l'antiquité.

Hiparque sut établir la longueur de l'année solaire et trouva le mouvement rétrograde des points équinoxiaux. Et tandis que de Perga emboîtait le pas d'Euclide, qui « avait réuni en corps de doctrine toutes les découvertes faites avant lui et par lui » et découvrait la théorie « des sections coniques » à l'aide de quelques lignes introduites dans la géométrie, Erasistrate et Hérophile donnaient naissance à l'anatomie en disséquant des cadavres et même des criminels vivants qui leur étaient livrés, s'il faut s'en rapporter aux dires de Celse, célèbre médecin du siècle d'Auguste.

Après la bataille d'Actium, la mort d'Antoine et de Cléopâtre, Alexandrie devint avec l'Egypte une province romaine. Ce fut une époque de transition et le mouvement scientifique s'affaissa.

Fatigués des idées d'éclectisme juif, d'éclectisme grec, du néoplatonisme et des doctrines sceptiques et épicuriennes, les esprits se laissèrent capter un jour par le christianisme, qui avait l'air de répondre aux besoins et aux vœux du peuple. La lutte commença donc entre le christianisme et la philosophie. En 391, Théophile, patriarche d'Alexandrie, obtint de Théodore, empereur romain, un édit qui lui donnait le loisir de détruire tous les temples afin d'extirper le paganisme. Le temple de Sérapis et ses richesses littéraires devinrent la proie de la démolition et du pillage.

Le musée paraît avoir échappé aux coups du fanatisme, et certains auteurs, à ce sujet, évoquent le souvenir d'Hypatie, fille d'un des professeurs du musée, qui fut massacrée par la multitude, malgré son éloquence et son extrême beauté, pour avoir essayé de rétablir la philosophie.

L'école juive, l'école gnastique firent place à l'école chrétienne, qu'illustrèrent les saint Athanaze, saint Grégoire de Nazianze, saint Cyrille, etc.

Vers 640, le chef arabe Amrou, lieutenant du kalife Omar, assiégea Alexandrie. Durant plus d'une année, les Alexandrins se défendirent avec un rare courage et infligèrent des pertes sérieuses aux Arabes. Ils succombèrent enfin, et l'étendard de Mahomet vint flotter sur les murs d'Alexandrie.

En annonçant la nouvelle à son souverain, Amrou s'exprimait ainsi : « Je viens de prendre la grande cité de l'Occident. Il m'est impossible » de vous en énumérer les richesses et la beauté. Je ne puis que vous » dire qu'elle renferme quatre mille palais, quatre cents théâtres ou » lieux de plaisir, et quarante mille boutiques. Elle a été prise de force » sans capitulation et les musulmans sont impatients de jouir de leur » victoire. »

Et comme Jean, le grammairien, avait insisté auprès du lieutenant arabe pour que la bibliothèque fût au moins épargnée, Amrou, qui en référa au kalife, reçut la réponse suivante : « Si les livres de cette » bibliothèque contiennent des choses contraires au Koran, ils sont » mauvais et il faut les brûler. S'ils ne contiennent que la doctrine du » Koran, brûlez-les encore, ils sont superflus. »

Ces ordres furent rigoureusement exécutés, et les historiens arabes rapportent que les livres de cette bibliothèque servirent pendant six mois à chauffer les quatre mille bains. Cependant, certains savants, entre autres Heyne, Reynhard et Gibbon, s'inscrivent en faux contre cette assertion.

Ce qu'on entendait alors par volume ne possédait, parait-il, qu'une médiocre similitude avec les volumes d'aujourd'hui. Quelques feuilles de papyrus, tirées de l'écorce de certains arbrisseaux égyptiens, ou de parchemin préparé à Pergame — quand l'Egypte eût interdit l'exportation du papyrus, — parchemin préparé à l'aide de peaux d'animaux, ces quelques feuilles, disons-nous, étaient roulées, après avoir été écrites, sur de petits cylindres de bois et prenaient le nom de volume : *volumen*, du verbe *volvere*, rouler.

Les sciences avaient un caractère sacré pour l'Egypte, à ce point qu'Osymondia, qui la gouverna glorieusement pendant quelque temps, avait fait orner la collection d'ouvrages qu'il possédait dans son palais de Thèbes de l'inscription suivante : Médecine de l'âme. A Alexandrie, les prêtres, les pontifes, les moines et les copistes de profession passaient leur existence à relater avec la précision voulue la marche des événements qui se déroulaient et à recopier les manuscrits à moitié vermoulus.

Il y en avait aussi qui, dans le but de s'instruire, transcrivaient beaucoup d'écrits, et Démosthène avait poussé sa ferveur jusqu'à transcrire neuf ou dix fois l'histoire de Thucydide, afin, disait-il, de « former son style ».

Origène rapporte que certain Didyme, d'Alexandrie, aurait écrit de sa main six mille volumes, chose impossible de nos jours, le format fût-il des plus petits.

Ce n'est donc pas sans quelque raison que les quatre cent mille volumes détruits pourraient être regardés comme équivalant à vingt-deux ou vingt-cinq mille, se basant sur ce que les métamorphoses d'Ovide, célèbre poète latin, ne remplissent plus qu'un volume, alors qu'elles en remplissaient dix-neuf ou vingt.

La gravité, la monstruosité de l'acte de vandalisme et de scélératesse accompli par Amrou ne sauraient consister ni au plus ou moins de temps que prit la destruction, ni au plus ou moins de volumes, mais à la catastrophe elle-même, qui fit périr tant de richesses, tant de merveilles, tant de trésors historiques qui eussent élargi à coup sûr le cercle de l'ignorance, fait luire le flambeau de la vérité, poussé à la perfection la science et les arts, et qui sait ? changé peut-être la face du monde, et empêché les lourdes chaînes politiques et sacerdotales de nous river aussi étroitement au tyrannique moyen-âge !

La triste influence de ce funeste événement s'est fait sentir à travers les siècles et il advint longtemps après que la cherté des ouvrages plongea l'esprit humain dans l'obscurité.

L'achat d'un livre de quelque valeur s'effectuait, à l'instar des achats de terres, par un traité passé devant notaire.

Sous la domination des Arabes, Alexandrie perdait chaque jour son prestige. La fondation du Caire, qui devint la capitale de l'Egypte, et où se trouvent les greniers et le puits de Joseph, qui a 180 pieds de hauteur et dans lequel on descend par des marches taillées dans le roc, la conquête des Turcs et la découverte du cap de Bonne-Espérance, finirent par tuer en elle son antique splendeur.

L'étendue de la ville diminua de moitié d'abord, des deux tiers ensuite, et elle comptait vingt mille habitants à peine, lorsque Bonaparte, s'ennuyant à Paris et ne voyant pas en quoi la politique pouvait lui sourire, songea à la conquête de l'Egypte, conquête maintes fois caressée par Leibnitz sous le règne de Louis XIV et par de Choiseul.

Il avait non-seulement en vue la ruine de l'Angleterre et la possession de la Méditerranée, qu'il voulait transformer « en lac français », mais sa réputation personnelle. « Les grands noms, disait-il, ne se font qu'en Orient. »

On a longtemps prétendu que le Directoire avait le premier fait surgir cette expédition afin d'y dépêcher Bonaparte et s'en débarrasser. C'était à tort, et les discussions soulevées dans son sein par l'exposition de cette vaste et téméraire entreprise furent si violentes, que Bonaparte parla de démission, ce à quoi il fut répondu qu'on ne la demandait pas, mais que s'il l'offrait elle serait acceptée. Jamais, dit-on, dès ce jour-là, le mot démission ne vint effleurer ses lèvres.

Il eut donc l'autorisation de prendre trente-six mille hommes de l'ancienne armée d'Italie, les officiers, les généraux, les savants qu'il lui plairait de choisir ainsi que les millions supposés nécessaires.

Une fois les préparatifs terminés, Bonaparte s'embarqua à Toulon et fit voile vers Alexandrie. En 1798 et au mois de juillet — il y a quatre-vingt-quatre ans — il était à quelques lieues de cette ville et débarquait pendant la nuit pour mieux la surprendre.

Après un premier combat où Kléber fut blessé, Bonaparte fit savoir, par l'intermédiaire d'un capitaine turc, qu'il venait seulement pour arracher le pays à la domination des Mameluks, que les autorités du pays seraient maintenues, les cérémonies religieuses et les propriétés respectées. Et pour mieux accréditer ses dires, il parla ainsi à ses soldats : « Les peuples avec lesquels nous allons vivre sont Maho-
» métans ; leur premier article de foi est celui-ci : Il n'y a pas d'autre
» Dieu que Dieu et Mahomet est son prophète. Ne les contredisez pas ;
» agissez avec eux comme nous avons agi avec les Juifs, avec les
» Italiens. Ayez des égards pour leurs muphtis et leurs imans comme
» vous en avez eu pour les rabbins et pour les évêques. Ayez pour les
» cérémonies que prescrit le Koran, pour les mosquées, la même
» tolérance que vous avez eue pour les couvents, pour les synagogues,
» pour la religion de Moïse et celle de Jésus-Christ. Les légions
» romaines protégeaient toutes les religions. Vous trouverez ici des
» usages différents de ceux de l'Europe : il faut vous y accoutumer.
» Les peuples chez lesquels nous allons entrer traitent les femmes
» autrement que nous ; souvenez-vous que dans tous les pays, celui qui
» viole est un lâche.

» La première ville que nous allons rencontrer a été bâtie par
» Alexandre. Nous trouverons à chaque pas de grands souvenirs
» dignes d'exciter l'émulation française. »

Ce tact, cette adresse ne pouvaient que convaincre les assiégés. C'est pourquoi les combats cessèrent et Alexandrie se soumit.

Bonaparte y pénétra aussitôt et prit toutes les mesures reconnues utiles pour asseoir l'autorité française dans cette ville. Trois mille hommes confiés à Kléber, qui était en voie de guérison, restèrent à Alexandrie et firent en peu de temps d'immenses travaux de défense, tandis que le reste de l'armée se mettait en marche vers le Caire où il était opportun d'arriver sans tarder, vu le débordement prochain du Nil.

L'Egypte conquise par la bataille victorieuse des Pyramides, Bonaparte s'en alla en Syrie, opérer à prix d'hommes des exploits qui militent en faveur du génie de cet homme de guerre. Après la prise du

fort d'El-Arisch, de Jaffa, après la bataille du mont Thabor et celle peu décisive et fort coûteuse de Saint-Jean-d'Acre, nos armées retournèrent en Egypte. Les Turcs en ce moment étaient à Aboukir.

Le plus grand mécontentement régnait parmi les troupes laissées au Caire. Elles avaient soif de revoir la France, et avaient maintes fois conçu le dessein d'aller en masse s'embarquer à Alexandrie pour retourner au pays. La présence de leur chef les mit dans de meilleures dispositions. Il leur fut donné d'aller à Alexandrie, mais pour se lancer sur les ennemis, qu'elles taillèrent en pièces et poussèrent dans la mer. Treize mille cadavres flottèrent sur ces eaux qui avaient reçu douze mois auparavant les restes de nos infortunés marins.

Cette victoire assurait à la France la possession de l'Egypte. Sur ces entrefaites, Bonaparte fut instruit par des journaux que l'amiral anglais lui envoya par un malin désir de vengeance, du trouble, du désordre qui avaient éclaté parmi les membres du gouvernement de Paris. Vite il fait préparer deux frégates à Alexandrie secrètement et part pour la France, accompagné de Berthier, Lannes et Murat.

Le commandement de l'expédition égyptienne avait été laissé à Kléber. Malgré quelques revers, celui-ci se prodiguait en actes d'une valeur prodigieuse lorsqu'il tomba sous les coups d'un turc fanatique.

Menou, le plus ancien des généraux, lui succéda. Il s'occupa avec succès de l'administration égyptienne, créa des hôpitaux, des canaux, des écoles, organisa la justice, et donna un grand essor au commerce. Ce fut en partie grâce à lui qu'Alexandrie noua des relations commerciales avec les peuples de l'Afrique.

La protection française, qui commençait à s'étendre sur tout l'Orient, effraya l'Angleterre. Dans un effort suprême, elle jeta plus de vingt mille hommes dans le voisinage d'Alexandrie pendant que trente mille Turcs et dix mille Indous, partis de Calcutta, faisaient campagne dans le même but.

Battu dans un premier engagement qui eut lieu à Canope, Menou se retira à Alexandrie. En faisant sauter les digues qui séparaient la mer d'Aboukir du lac Maréotis, les Anglais isolèrent Alexandrie du reste de l'Egypte.

Les secours ne pouvant plus arriver, n'en attendant pas d'ailleurs, nos troupes luttèrent quand même jusqu'à la dernière extrémité avec un entrain qui ne se démentit jamais. Elles ployèrent bientôt sous le nombre et Alexandrie capitula.

Le rapatriement de ce qui restait s'effectua à bord des navires anglais, — notre flotte avait, hélas! été détruite à Aboukir, — et, par un traité conclu au congrès d'Amiens, congrès qui ne dura pas moins de cinq ou six mois et qui avait le droit de s'éterniser plus qu'aujourd'hui, car il n'y avait rien en péril, l'Egypte fut restituée à la Porte ottomane.

Jusqu'à ce que la Turquie eût envoyé Mohammed-Aly comme pacha d'Egypte, l'anarchie régna à Alexandrie.

En 1807, les Anglais conçurent l'idée de s'emparer de l'Egypte, ce magnifique passage des Indes, et d'y recueillir les bienfaits apportés par l'occupation des Français. Ils assiégèrent et prirent encore une fois Alexandrie ; mais Mohammed-Aly, dont l'énergie était indomptable, les repoussa honteusement et les força de rejoindre leurs vaisseaux. Il se consacra ensuite, avec une rare élévation de vues, à la régénération de ce pays et utilisa intelligemment les débris de notre colonie.

Un acte dont la hardiesse ne le cédait en rien à la barbarie, établit sans conteste sa puissante domination. Entravé par les Mameluks dans l'œuvre à laquelle il s'était voué ardemment, il résolut de s'en débarrasser et y réussit fort bien en les faisant massacrer devant ses yeux un jour qu'il les avait conviés à une fête.

Dès cette époque, Alexandrie se transforma. Les vieilles masures disparurent, les rues s'alignèrent, des palais, des fortifications, des chantiers de construction, des canaux et des arsenaux se construisirent et un commerce des plus importants s'établit entre elle et l'Europe méridionale.

Sa population s'accrut considérablement et était évaluée naguère à deux cent cinquante mille habitants. Comme celle de l'Egypte tout entière, elle était formée des débris de toutes les nationalités et de toutes les religions. Il y avait des Cophtes, habitants primitifs de l'Egypte, des Arabes sédentaires, des Bédouins, des Turcs, des Grecs, des Arméniens, des Juifs et beaucoup d'Européens, des Anglais notamment.

Des trois parties qui composent l'Egypte : la Haute-Egypte ou Saïd, l'Egypte moyenne ou Oustanieh, la Basse-Egypte ou Delta, cette dernière, actuellement en jeu, se trouve la plus fertile.

Il n'y pleut jamais, car les vents des mois de mai, juin et juillet poussent tous les nuages qui s'élèvent à l'embouchure du Nil vers les montagnes d'Abyssinie, où ce fleuve et ses affluents prennent leur source. Mais quand le soleil est arrivé à son plus grand éloignement de l'équateur, les nuages amoncelés se fondent en pluie, ledit fleuve grossit, et, après avoir fait plusieurs centaines de lieues dans le désert de l'Afrique, tombe en Egypte des cataractes de Syène et vient inonder la vallée. Du sein des eaux, on voit alors se détacher les palmiers, les villages et des digues qui servent de passerelles. Ce spectacle est imposant et se reproduit périodiquement.

Quoique saine et pure, l'eau du Nil est bourbeuse la moitié de l'année, et ne saurait être bue qu'après être restée certains moments en repos. Elle contient beaucoup de sel, substance qu'on recueille toute formée dans l'intérieur de l'isthme de Suez.

Les eaux du Nil mettent à s'en aller juste le temps qu'elles ont mis à s'étendre, c'est-à-dire trois mois. L'inondation finit en septembre, et laisse la terre recouverte d'un limon fertilisateur. « Sans le débordement, selon Volney, on ne pourrait cultiver qu'un terrain très borné et avec des soins très dispendieux. Aussi le débordement est-il, pour l'Egypte, la mesure de l'abondance, de la prospérité et de la vie. »

L'arpentage est un art fort usité dans ce pays, et, chaque année, on se partage le terrain visité par les eaux. Les fellahs ou paysans viennent jeter alors les semences des diverses plantes, qui, par leur propre poids, s'enfoncent dans la vase et ne tardent pas, vu le climat brûlant, à naître et à recouvrir le sol d'un immense tapis de verdure. La végétation est si rapide que les récoltes sont cueillies au mois de février.

Il n'y a que deux saisons : le printemps et l'été. Le printemps commence en novembre et finit en mars, époque où les chaleurs deviennent insupportables pour les Européens, dès neuf heures du matin. La terre se gerce si profondément qu'on ne peut explorer le pays sans danger.

Le climat supplée au travail de l'homme, et l'Egypte produit avec une abondance surprenante les blés, les riz, les plus beaux légumes, le lin, le chanvre, le coton, le sucre, etc., etc.

Le bois est si rare qu'on fait brûler la bouse de vache desséchée. C'est à l'aide d'un tel feu que les fellahs font cuire un pain pétri avec la farine de dourah, pain sans levain, sans goût, et qu'ils n'accompagnent toute l'année que d'oignons. Les habitations sont de petites cabanes de terre où l'on ne respire que la fumée. Les fellahs ont pour vêtement une chemise bleue, et leurs bras, leurs jambes et leurs poitrines restent découvertes. Sur la tête, une toque de drap rouge. Ils vivent dans le plus complet abrutissement et subissent la bastonnade sans se plaindre.

D'immenses troupeaux, des chevaux, des chameaux, des chiens, des volailles, des pigeons surtout pullulent dans toute l'Egypte.

Depuis le percement de l'isthme de Suez, la navigation s'opère plus facilement, et on n'a nul besoin de risquer les tempêtes et de doubler le cap de Bonne-Espérance pour communiquer avec la mer des Indes. On comprend donc qu'Alexandrie, par sa situation heureuse, exceptionnelle, fût devenue l'entrepôt des échanges de l'Egypte avec Constantinople, Livourne, Trieste, Marseille et Toulon. On comprend que ce pays eût attiré cette colonie européenne qui donnait, par son activité bien connue, une impulsion on ne peut plus enviable à l'industrie, au développement de l'endroit, lorsque l'introduction du contrôle et ses préambules, le coup d'Etat d'Arabi, sa nomination de pacha, sa tentative de détrôner le khédive, leur réconciliation et la reprise des hostilités sont venus tout refroidir, tout paralyser et détruire !..... La contemporanéité de ces événements nous permet de les enjamber, car chacun en a suivi et apprécié la marche avec un légitime et anxieux intérêt.

Et c'est ce pays où notre prépondérance est au moins égale à celle de l'Angleterre et des nations appelées à...... conférer ; c'est ce pays où nous avons, au prix de tant d'or et de sang, semé les germes de cette puissance qui a vibré en Orient, que nous avons laissé avec calme et indifférence se débattre contre les premières atteintes de l'insurrection ! Ce sont seize mille compatriotes et des intérêts matériels que nous avons laissé flotter au gré du hasard, oubliant le contre-coup funeste qui en résultera probablement pour le fanatique voisinage de Tunis et d'Algérie !

C'est pendant six longs mois qu'on a hésité, qu'on s'est perdu en conjectures, qu'on a henni, qu'on a prêté l'oreille à des échos répercutés par une haine systématique et inqualifiable de partis, donnant ainsi à l'insurrection le temps d'être fomentée, entretenue, excitée, de gagner les masses et d'éclater !

Et c'est après avoir participé à la démonstration navale que nous tournons sur les talons et que nous laissons l'Angleterre seule passer de la menace à l'exécution ?

Ah ! si immédiatement après le bombardement nous avions, eu égard aux graves circonstances qui ne pouvaient manquer d'être ce qu'elles ont été, débarqué deux mille hommes à Alexandrie pour assurer l'ordre, l'ancienne cité d'Alexandre n'offrirait pas le hideux et attristant spectacle d'une ville incendiée, détruite et pillée par les forçats, les criminels et les bandits qu'Arabi fuyant mit en liberté.

Et nous ne compterions pas par milliers les familles entières qui ont été égorgées, assassinées, et celles plus nombreuses encore qui sont sans asile et sans pain, et n'ont pas même la force de se remettre au travail !

Pensait-on que quelques délégués solennellement réunis à Constantinople arrêteraient, en ergotant, la sinistre allure des événements et empêcheraient Arabi de s'organiser, de capter la population musulmane et de marcher sur les traces de don Carlos ?

On l'a vu par la dépêche suivante : « Alexandrie est en ruines. De la ville proprement dite, il n'existe plus rien. Aucun des quartiers européens n'a été épargné. L'aspect de ses rues défie toute description. Ce n'est plus qu'un amas de décombres, de matériaux et d'objets mobiliers tordus par le feu ou saccagés. »

Pour justifier notre inaction, on a objecté le mécontentement des puissances européennes. Mais, en quoi pouvaient-elles se récrier ? Les souvenirs militaires et autres ne nous octroyaient-ils pas une influence morale ? N'avions-nous pas dans ce pays des compatriotes et de l'argent ? Pouvait-on nous empêcher de courir là où se trouvaient tant d'intérêts ?

Notre action pouvait-elle ne pas entraîner la sauvegarde de tous les intérêts ? En protégeant nos nationaux, ne protégions-nous pas les Européens cent fois plus nombreux ?

Et c'est l'accomplissement du plus noble, du plus sacré, du plus patriotique des devoirs qui pouvait déchaîner une conflagration universelle ? Allons donc !

La bonne foi s'est assurément trouvée de la partie, et on ne voudra jamais se faire à l'idée qu'en présence d'une question étrangère on n'a pas eu le patriotisme d'oublier les querelles du ménage parlementaire ; mais les phases déplorables de la question égyptienne ont malheureusement démontré, avant même le témoignage d'hommes dont la compétence ne saurait être mise en doute, que l'intervention en temps et lieu n'aurait pas manqué de conjurer les catastrophes dont on ne suppute pas les conséquences désastreuses et dont on n'entrevoit pas non plus la kyrielle.

Si au début la coopération française avait sa raison d'être et devait faire rentrer Arabi dans sa boîte à surprises, sans entraîner de grands ennuis, il n'en est pas de même aujourd'hui. Pour plusieurs raisons, la neutralité, la contemplation et la méditation doivent nous être chères. Pourquoi nous saignerions-nous à blanc et pourquoi interviendrions-nous ? Serions-nous utiles à notre colonie ? Elle n'existe plus. Irions-nous repêcher notre prestige ? Il est un peu tard.

S'il plaisait au Nil de ne pas déborder, au climat de ne pas décimer nos troupes, à Arabi de ne pas détruire les lignes ferrées, de ne pas couper les canaux et de nous attendre de pied ferme dans un coin, à Kaf-Dowar même, nous pourrions nous y aventurer incessamment et il y en aurait presque assez du combat d'une journée pour apporter une solution. Or, Arabi est entouré d'une légion d'hommes que le fanatisme grossira et portera aux dernières extrémités ; bien plus, il se pourrait qu'il fût le ressort mû par des forces jusqu'à ce jour inconnues. Rien d'étonnant alors qu'il ne veuille aller jusqu'au bout et que, dès les premières escarmouches, il ne s'envole vers les monts Abyssiniens... Faudrait-il le poursuivre, l'atteindre ou l'espérer ?

Quand on songe qu'on a poursuivi, qu'on a attendu et qu'on attend Bou-Amena qui court encore ; quand on songe aux pertes éprouvées et à l'immobilisation de 50,000 hommes, exigée par l'expédition tunisienne ; quand on songe qu'il faudrait occuper Alexandrie, dont, hélas ! on ne connaît plus la population, Tantah où il y a 60,000 habitants, le Caire où il y en a trois cent mille, ce qui nécessiterait l'envoi de quarante mille hommes parmi lesquels on compterait les Anglais comme on les comptait en Crimée ; oui, quand on envisage tout cela, on est tenté d'avouer qu'en ce moment le résultat ne serait pas sans frais et ne justifierait pas l'entreprise.

Puissions-nous tomber dans une exagération démesurée en pressentant que la question égyptienne ira longtemps son train, quand il était aisé de la tuer dans l'œuf, et que la politique d'effacement à outrance pourrait avoir pour effet d'encourager les appétits gloutons. Ce que nous n'avons pas su garder en Egypte, tâchons au moins de ne pas le perdre ailleurs.

DIDIER FRANCE.

24 juillet 1882.

Tarbes. — J.-A. LESCAMELA, rue Larrey, 35.

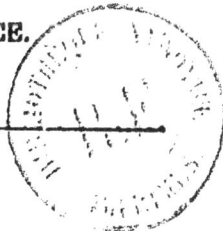

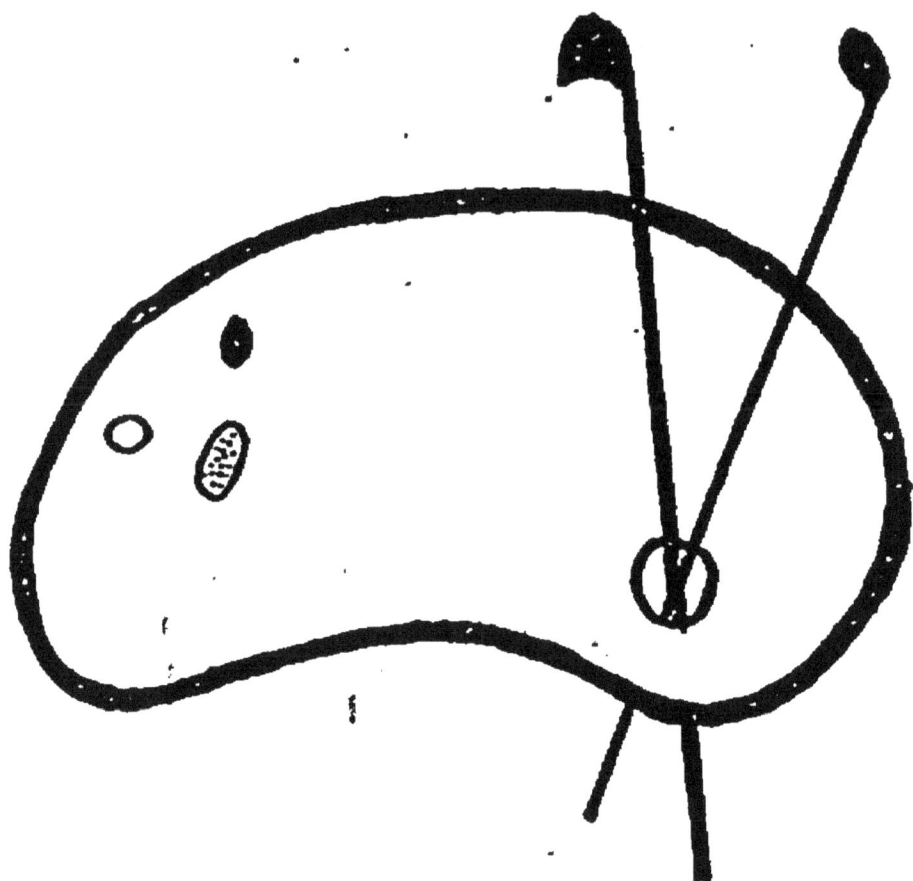

ORIGINAL EN COULEUR
NF Z 43-120-8

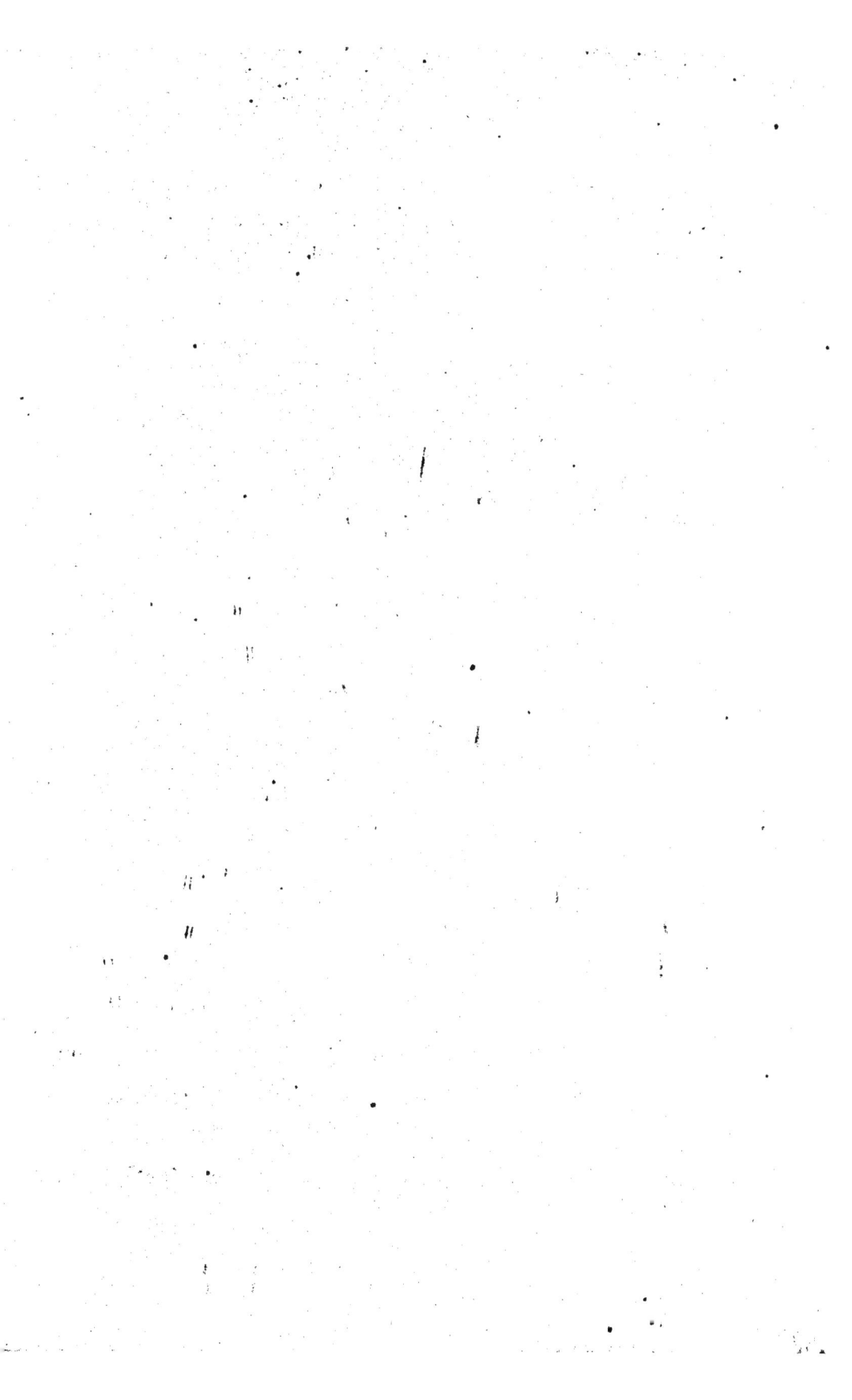